서서 타는 촛불

서서 타는 촛불

2021년 5월 24일 초판 1쇄 인쇄
2021년 6월 2일 초판 1쇄 발행

지은이 | 이병필
펴낸이 | 孫貞順

펴낸곳 | 도서출판 모아드림
(03756) 서울 서대문구 북아현로6길 50
전화 | 02)365-8111~2 팩스 | 02)365-8110
이메일 | morebook@naver.com
홈페이지 | www.morebook.co.kr
등록번호 | 제2-2264호(1996.10.24)

편집 | 손희 김치성 설재원
디자인 | 오경은 박근영
영업 | 박영민
관리 | 이용승

ISBN 978-89-5664-182-9 03810

잘못된 책은 구입하신 서점에서 바꾸어 드립니다.

값 10,000원

모아드림 기획시선 152

서서 타는 촛불

이병필 시집

모아드림

| 시집을 내면서 |

그릇도 못되면서 시를 쓰다 보니
절망할 때가 한두 번이 아니었습니다
그렇다고 온 마음을 시에 두는 것은 외도 같아서
주님께 죄송할 뿐이었습니다
결국 평생 시를 써도 완성된 시를 쓰는 것은
내게는 불가능하다는 것을 깨달았습니다
그래서 설익은 모습 그대로를 엮어 보았습니다
결국 내 인간 실존의 느낌과 고뇌를 보여 주는 것이겠지요
그래도 마지막으로 하고 싶은 말은
〈인생은 짧고 시는 영원하다〉
아니 〈시는 영원하여라〉
하고 말하고 싶습니다

차례

시인의 말

제1부 서서 타는 촛불

제2부 시인과 아내

제3부 토우들의 절규

1부
서서 타는 촛불

유산

성직聖職 이랍시고
등재된 재산 한 푼 없이
일생을 살아오면서도
태연하였다

그래서
너희 4남매에게
남겨 줄 유일한 유산은
하늘 곳간에 채워두는
오직 기도뿐이다

그런데 오늘
문득 서산을 바라보니
해가 한 뼘밖에 남지 않았다

통장에 잔고가
이제는 바닥이 보인다

마음이 급하다

집으로

별빛보다 아득한 북태평양
물이랑을 넘어
제 키보다 몇 배 높은
폭포도 뛰어넘고, 마침내
모천 강바닥에 살을 찢고 죽는
연어의 피 흘리는 그리움

방망이만 한 목을 앞세우고
진눈깨비 나리는 잿빛 하늘을
끝없이 나는
철새들의 맹목적인 의지

한 잎의 낙엽이 땅에 떨어져
뿌리로 돌아가는 것도
1600킬로미터로 자전하며
태양을 돌고 있는 지구의 힘 때문이다

내가 제단 앞에 앉아 밤새워
성경 한 절을 찾고 있는 것도
이 힘과 무관하지 않다

돌아가고 싶다 집으로…

5월의 단상

늘 이맘때가 되면
아이는 자라고 어른은 늙고

계절은 피었다가 지고
졌다가 다시 피는
시간은 언제나 살아있는 쪽이다

신록은 푸른 불꽃으로 피어올라라
꾀꼬리 노니는 소리에 눈이 끌린
나의 발걸음도
어느새 신록 속이다

가장 예리한 화살로 나뭇가지를
뚫고 내려온 햇빛도
마침내 땅에 이르지 못하는 것은
바람이 그림자를 흔들어 버리기 때문이다

밤새 모국어의 향기를 쫓아
미로를 헤매든 나의 시는
출구를 찾았는가?

신록처럼 싱싱하게 피어오를
나의 시는 어디에

오늘도 먼 곳에서
강물은 살아있는 쪽으로 흐르고
바람은 언제나
미래 쪽에서 불어온다

새가 되어서라도*

새가 자유롭게 비상하기 위해
하늘이 있다
새가 나는 하늘은 한 하늘이다

오늘 그 새가 되어
하늘을 날아서 평양에 왔구나

대동강 가을빛이 눈부시게 흐르고
모란봉 을밀대가 변함없이 있는 것은
실향민이 부르다 지쳐버린 노랫말 때문인가?

하늘 찌를 듯한 주체탑
고구려 벽화를 보는 듯한 힘찬 조형물
그러나 불 꺼진 평양의 밤거리처럼
동력을 잃었구나

봉수교회에서 만난 믿음의 형제들

거기 이데올로기는 몰랐다
"한 피 받아 한 몸 이룬 형제여 친구들이여"
찬송가에 목이 메여 우리는 울고 있었다

* 2009년 9월 등대복지회 대표로 평양을 방문하고 묘향산 근처의 김일성 부자의 박물관을 보고 왔다

아내와 백구두

하얀 세모시 바지저고리 빳빳하게
풀해 다려 입고
모시조끼까지 걸치고
두 세 주일 교회에 나갔다
사람들이 어쩌면 그렇게
볼 때마다 빳빳한 새 옷으로
갈아입고 나오느냐고 묻는다

나는 집에 들어갈 때마다
무논에 한 번씩 구르고 들어가면
아내가 빨래해서 빳빳하게
다림질해 준다고 농담을 한다

사람들은 무슨 뜻인지 몰라 멍 한다
나는 여간 불편하지 않다

오늘도 빳빳하게 다려 입은

모시옷을 입고 집을 나서려 하는데
아내가
“여보 오늘은 백구두 사러 갑시다”

아이쿠 큰일 났다
이제는 발까지도…

시 한 줄의 높이

자일에 몸을 감고
암벽에 붙어
한 발 높이에 생명을 건
전신으로 땀 흘리는 알피니스트

361점의 바둑판을
두 눈으로 빨아들이고
바둑 한 알의 착점을 찾아
가늘게 떨고 있는
입신들의 손길

시 한 줄의 높이를 위해
밤새 모국어의 향기를 찾아
퍼즐을 맞추듯

나의 시는 잠 못 들고 있다

樂山 樂水

누가 산의 무게를 다 측량할 수 있을까?
아무리 달아봐도 시의 산은 첩첩산중
저만치 아득할 뿐이다

산은 바라보고 즐길 뿐이다

누가 바다의 물을 다 퍼 올릴 수 있을까?
그 시인은 말했다
시와 벗한 지 칠십 년 시는 아직도 그 비밀을
말해 주지 않는다고*

바다는 바라보고 즐길 뿐이다

* 황금찬 시집 『조개비 속에 자라는 나무들』

예술의 영감

예술은 접속된 자연에 속해 있다*

이렇게 현란하게 눈부신 봄날에
저 산자락을 휘감는 진달래꽃 불 결
산에 꽃은 저만치 혼자서 필까?
아니면 신의 발등상을 장식하는
창조주의 솜씨로 필까?

예술이 자연을 모방한다는 말은
아리스토텔레스 이래의 철칙

그러나
오스카 와일드**는
자연이 예술을 모방한다는 말로
언어의 반란을 일으켰다

예술이 자연을 모방하던

자연이 예술을 모방하던
위대하여라 예술인의 영감이여
그는 적어도 창조주와 내통하고 있으니,

* 가스통 바슐라르(1884-1962) 프랑스 철학자

** 오스카 와일드(1854-1900) 영국의 시인 작가. 그는 예술은 자연을 모방한다는 아리스토텔레스 이래의 철칙을 깨고 자연이 예술을 모방한다는 말을 했다

고래바다 여행선

빨간 구명조끼 어깨에 걸치고
고래바다 여행선에 시승한 화상들은
대부분 별 볼일 없는 칠 학년 초다

꼬리를 물고 물을 뿜으며 파도 위에 치솟을
고래 무리의 장관을 머리에 그리며
우리는 수평선을 응시하고 있었다

그러나 세 시간 동안 바다를 뒤졌는데도
끝내 고래는 나타나지 않았다

허전한 발걸음으로 고래 박물관으로
돌아오고 말았다

그날 밤 수천 마리의 고래 무리가
반구대 암각화를 뛰쳐나와 넓은 바다에서
물을 뿜으며 무리 지어 내닫는 장엄한

광경을 꿈에 보았다

사흘이 지나서야
꿈에 본 그 고래의 무리가 젊은 날
내 가슴의 수평선에 물을 뿜으며 힘차게
내달던 바로 그 고래의 무리라는 것을
처음으로 깨달았다

시의 아쉬움

– 한 외국 시인의 명함 시에 대하여

나에게는 소중히 보관하는
명함 한 장이 있다
지난여름 제78차 경주 세계 펜 대회에서 만난
타이완 작가 林 煥彰(Lin fuan chan)

그의 명함에는 자작시가 적혀있었다.

空

鳥. 飛過 -
天空
還在

(EMTINESS)

Bird Flying over…
The Sky
Still There

나는 이 명함 시에 반해서
그의 작품을 원했다
그는 일 층 전시실에 가서 가지라 했다

전시실에는 시집이 한 권밖에 없고
〈전시용이므로 개인 소지 불가〉라는
팻말이 붙어 있었다

나는 그 시집을 집었다 놓았다
서너 번 그런 후에
끝내 놓고 말았다

아직도
보물을 놓친 듯 사랑하는 이를 놓친 듯
그 시집에 대한 아쉬움이
사라지지 않고 있다

서서 타는 촛불

시인은 언제나 램프에 불을 켜고 자신은 사라져 간다*

타지 않으면 촛불이 아니다
눈물로 제 몸을 지우며
죽을 때까지 서서 타는 촛불

촛불은 고독하다
수많은 촛불이 타고 있어도
촛불은 저마다 하나뿐이다

밤의 어둠을 위하여
세상에는 촛불이 있다
보라, 밤에만 나타나는
저 하늘의 무수한 촛불들을

광복의 촛불로 가슴을 태우며
한 시대의 어둠의 절벽에

알몸으로 맞서 자신을 태워버린
시인 이 육사

* 에밀리 디킨슨 (1930-1986) 미국의 천재적인 여류시인

태화강 가을

가을 억새는
미풍에도 못 이겨
백발이 쓸쓸하다

십 리 대숲에는
바람 따라 길 찾는
햇빛이 수런대고

들국화 향기 싣고
강물은 고이 흐른다

천 년 수문장인 선바위 어깨 위에
홍시 빛 가을이 물들면

사람들은 그 앞에서
저마다 시인이 된다

발리의 하늘

곤도와 보꾸가 오니니 나루
(이번에는 내가 술래다)
신부가 물속으로 잠행하며
달아나는 신랑을 찾고 있다

하늘도 바다도 코발트색으로 짙다
가끔 남태평양에서 불어오는 바람이
모래 넘어 해변을 쓰다듬고 있다

그랜드 하얏트 호텔 야외 수영장
우리는 일본인 신혼부부의
물놀이를 지켜보며
덩달아 보는 것만으로도 행복했다

일행 중 어떤 사람이 "참 좋은 때다"
그렇다 푸른 바다 푸른 하늘 뜨거운 태양
모두가 싱싱한 청춘의 계절이다
지금 발리는 청춘이 행복하다

봄은 울렁거리다

작천정* 벚나무 숲에서 흩뿌린
꽃비가 짧은 꼬리를 채 내리기 전
온 시가지가 아직도 봄에 취해
코피를 흘리고 있는 때

화창한 봄 날 하루를 빌려
운문고개 마루에 서 보았다

마주 보는 산들이 연두색
보자기에 싸인 듯
나무들은 그 속에서
사춘기의 아이들처럼
몸을 뒤틀고 있다

군데군데 서 있는 산 벚나무는
아직도 못다 한 봄의 노래가 남았는지
목청껏 세레나데를 부른다

봄은, 참
만물이 울렁거리는 계절인가 보다

* 작천정: 울주군 삼남읍 교동리 작괘천 입구 1km 벚꽃 길이 있다.

천전리 각석 앞에서

무슨 원이 그리 맺혀
돌에 새겨두고 천 년을 못 잊는가?
내 오늘 한 숨결로 한 방울 이슬 되어
신라 천 년의 숨소리 듣나니

흐르는 강물아 풀잎을 흔드는 바람아
몇억 번 구비 돌아 내 앞을 지나가며
뺨을 스치는가?

각석 탁본 펼쳐놓고 졸고 있던 노인도
백 세를 넘었으니 빈자리만 남아 있고
그 앞을 종종종 어린이들 지나가네

말 없는 청산아 움쩍 않는 바위야
너는 들었느냐 간직하고 있느냐
흙먼지 흩날리며 말 타고 호령하던
선조들의 기개를 화랑들의 외침을

낙엽

한사코 매달려 파닥거리는
은행 한 잎을 쳐다보면서
노인은 혼자 중얼거린다
주문처럼,

"生者必滅 會者定離"

그는 사경을 헤매는 아내를 보고
병원 응급실에서
방금 나온 것이다

땅 위에는 낙엽이 소복이 쌓였다
석양의 긴 그림자만이
그와 함께 걷고 있다

카프리섬*에서

589미터 솔라산 정상으로 오르는
개인 리프트에 아내 먼저 보내고
내 뒤따라 타니
5미터 발아래 펼쳐지는 섬 풍경
거기 어린이 무덤 위에
놓인 인형이 눈에 밟혀

파노라마처럼 인생이 지나간다

정상에서 바라본 수평선
그 입 다문 지중해의 신비
바다는 한없이 넓고 말이 없다

내려오는 리프트 안에서
혼자 공중에 떠내려가는
아내의 뒷모습을 바라보면서

나는 생각했다
언젠가 우리는 단독자로
각각 하나님 앞에 서야 한다는 것,

저 아래
무덤 안에 잠자는 아이들처럼,

그 아이들은 진정 물었을까?
"어머니 이 세상 끝나면
어디로 가지요?"

그 물음에 대답할 자 누구인가?
오는 세상은 믿는 자의 몫
눈이 없는 자에게는 빛이 소용없다

* 이탈리아 남부 캄파니아주 나포리시에 딸린 섬 풍광이 아름답다.
리프트의 지상에서의 높이가 5m인 것은 승객의 안전을 위한 것이라 함.

아내의 병상 옆에서

젖은 눈빛으로 바라보는
아내의 눈길이 머무는 곳은
내 와이셔츠 소매다

여든이 다 된 나이에
다섯 시간 수술을 두 번 하고
불의의 사고로 또 한 번 더하고
사경을 헤매다
이제 겨우 정신을 차리는 것 같다

주사 자국으로
시커멓게 멍든 팔뚝이
나날이 시들어가는 것을 보며
내 마음도 타들어 간다

창밖을 내다보니
가로수 앙상한 가지가 삭막하다
저 나뭇잎 푸를 때

이 병실에 들어왔는데
이제 석 달이 넘어
한 계절이 지났다

주님의 십자가 죽음이
부활과 승리의 원인 되듯이
고난 그 자체가 행복과
영광의 원인이 된다며

전에는 말로만 설교했는데
이제는 몸으로 느껴보려고
온몸으로 안간힘을 쓴다

주님 모든 것을 맡깁니다
말씀 안에 인생을 맡기고
사랑 안에 생명을 놓습니다

삼대

늙으면
고기가 아니면 맛을 모르고
비단옷이 아니면 따슨 줄 모른다는
선인들의 말을 믿으며

아이들이 맛집으로 가자면
자주 따라나서는 편이다

장생포 고래 고기 원조 할매 집,
부산 광안리 스시 맛 집,
밀양 할매 메기탕 집,

어제는 경주 양남 주상절리 부근 바닷가
횟집에 갔는데

전직 대통령 전직 국무총리가
먹고 갔다고 벽에 적혀져 있었다

오늘도 손자 놈이 차 몰고
애비와 함께 뒤에 타고
쇠고기 맛집으로 갔는데

이 집의 쇠고기 육회가 좋고
낙엽살구이가 일품이다

잘 먹고 일어서는데 주인 왈
"삼대가 함께 같이 다니니 참 보기 좋습니다"

삼대라, 그렇군 그 말
듣기에 참 좋았다

2부

시인과 아내

靑馬 선생의 교훈

판자로 지은 가건물 교사 앞에
800명 학생이 도열해 있었다
아침 조회 시간
매운 겨울바람이 이따금 운동장에는
먼지를 일으키고 있었다

학생들은 하나 빠짐없이
귀밑까지 올라오는
붉은 돗꾸리*를 입고
겨울 추위에 떨고 있었다

마치 붉은 목을 가진
왜가리 떼 같았다

교련 교관이 씩씩대며 교단에 올랐다
그는 전장에서 전상을 입은

* 돗꾸리란 일본말로 술병처럼 목 부분이 좁고 긴 셔츠나 스웨터, 즉 자라목셔츠나 스웨터를 의미한다.

예비역 육군 대위

정신이 있나 없나? 무엇 때문에
우리가 피 흘리며 싸우고
수십만 청년들이 죽어갔느냐?
바로 저 공산군 때문이다
그 군대의 상징인 붉은 돗꾸리를 입고
붉은 목을 자랑하며
어떻게 태연 할 수 있나?

학생들은 시큰둥하다

이때 교장이신
청마 선생이 교단에 오르셨다

제군들
우리나라에는 아직도

부정 불의 부패가 만연하고
정의가 매장을 당하는 일이 많다
그러나
오직 계급투쟁만을 목표로 하는
공산주의에는 비길 바가 못 된다
거기에는
자유도 정의도 없고 오직 이념을 위한
끊임없는 투쟁이 있을 뿐이다
이 나라의 정의와 자유 민주주의를
지키는 것은 오직 제군들의 몫이다
학생들은 숙연해졌다

나는 일생을 살아오면서
사상의 혼란을 느낄 때마다
청마 선생의 이 교훈이 힘이 되었다

생화보다 조화가

조화보다 생화를 더 좋아하는 데는
이유가 있다
생화는 생명력이 있고
생장하는 데에 시간이 걸리고
사람들의 정성이 묻어있기 때문이다

생명 없는 조화는 어쩐지
사람을 속이는 것 같았다

한때 造花를 보면
묘지 상석 앞에 놓인 弔花처럼
슬픔을 느낀 적도 있었는데,

오늘 아침
손녀가 달아주는 造花에는
어쩐지 애착이 간다

밤새 빨간 리본으로 접어 만든 장미꽃은
귀여운 손녀의 손때 묻은 정성이
묻어있기 때문이다

"할아버지 온종일 떼지 말고 가슴에
달고 다녀요"
"음 그러마"
나는 다시 한 번 가슴에 달린 조화를
만져 보고 있다

경주의 하늘

초록색 바람이 빈 하늘을 쓸고 있다
바람보다 먼저 쓸리는 계림 숲 우듬지다

1953년 7월
내 생애 가장 암울했던 동란의 계절
그 뜨거웠던 경주의 하늘

우리는 진종일 대열을 짜고
온 시가를 누비며 외쳤다
통일 없는 휴전 결사반대!

더러는 혈서를 썼고
여학생들은 미군 부대 앞에서
외치다 쓰러졌다

반세기가 훨씬 지난 아직도
타의에 의하여 정해진 7·27 휴전선

그 피 맺힌 민족의 아킬레스건

그때 우리는 외쳤다 목이 터지도록
통일 없는 휴전 결사반대

선도산 너머로 지는 해가
핏빛으로 빨갛게 물들여질 때까지

전쟁 이야기

가까스로 전선에서 포성이 멈추고
아직도 한반도에 화약 냄새가
진동하는 때

전선에서 바로 온
젊은 배속 장교 육군 중위
그의 짙푸른 전투복에서는
전장의 피 냄새가 묻어있었다

그 해 추운 겨울 날 이날도
우리들은 전쟁 이야기 해달라고
자꾸 졸랐다

"5분 내로 연병장에 집합"
이것이 우리에게 돌아온
분노에 찬 단호한 명령이었다

교련복을 입고 각반을 차고

목총을 메고 교관을 따라간 곳은
학교 뒤편 알천 개울가

"포복 앞으로, 높은 포복, 낮은 포복"
지휘봉을 휘두르며 그는 뒤에서
소리쳤고 우리들은 얼음물 속으로
포복 해 들어갔다

반쯤 얼어붙은 교련복을 말리기 위하여
교실 난로 곁에 돌아왔을 때
그는 미안한 듯 멋쩍은 듯 말했다

"이것이 전쟁 이야기다
전쟁은 장난이 아니다"

그 후로는 아무도 전쟁 이야기를
입 밖에 내지 않았다

나원 철교* 위에서

1953년 그날
나는 나원역을 향하여
철교 위를 걷고 있었다
눈물을 삼키며,

내 청운의 꿈을 접고
귀향하는 기차를 타야 한다는
억울함과 분함을 참지 못해,

갑자기 등 뒤에서 꽥하고
기적이 울렸다

앞을 바라보니 침목 징검다리
밑을 내려다보니 시퍼런 강물
나는 본능적으로 뛰었다
살기 위하여,

가까스로 철교를 건너왔을 때
기차가 지나갔고
내 생명도 살았다

그날 내가 깨달은 것은
인생은 살기 위해 뛰어야 한다는 것
뛰어내릴 용기가 없으면,

그리고 내가 본 것은 발밑을 흐르는
푸른 강물의 깊이가 아니라
암흑한 인생을 내딛는 내 불안한
발걸음이었다

* 당시 포항으로 가는 모든 기차는 경주 역을 통과했으며 경주 황성동과 나원 역 사이 형상강 상유에는 나무로 침목을 만든 나원철교가 놓여있었다.

피란 일기 1

— 전쟁과 나의 운명

비 오는 날 어스름 여름밤
강변에서 잠자려던 피란민들이
모두 우리 동네로 찾아들었다
비를 피해서

온 동네가 뜰 밑 마당까지
사람들로 꽉 찼는데
갑자기 남에서 날아오는
금속성 폭음
포탄 터지는 소리
온 동리는 아비규환의
수라장이 되었다

포탄 소리에 기절할 듯 놀라서
콩밭 고랑에 머리만 처박고
숨어서 숨죽이고 있는데
동네 아저씨가 들려주던 비보
아버지가 운명하셨다는

그 청천벼락 같은 비보

아 하늘이 산산조각
발 앞에 떨어지는
통곡의 부르짖음
어머님과 할머님의 뒹구는
통곡 소리

그날 나는 너무 어린 나이에
인생의 허무와 심연을 보아버렸다

피란 일기 2

– 불꽃놀이 관전

피란민은 모두 흰 옷을 입고
흰 수건을 흔들며
강가에 나와 앉아 있었다
미국 비행기가 피란민은
쏘지 않는다고 믿으며,

우리는 강변 자갈 위에 이불을 펴고
밤이슬을 맞으며 잠을 청해야 했다

이따금 먼 동해 바다 쪽에서
함포 소리가 은은히 들리고
764고지 비학산에서 벌어지는
불꽃놀이를 관람했다

먼저는 높은 고지에서 빨간 불꽃이
튕기어 쏟아져 내려간다

아래쪽에서도 질세라 위를 향하여
불꽃을 치받아 퍼붓는다
위에는 인민군 아래는 국방군

어쩌다 위의 불꽃과 아래 불꽃이
마주 부딪치면 커다란 포물선을
허공에 그리며 땅에 떨어지고

이것은 영락없는 불꽃놀이
그래도 총소리가 들리지 않는 것은
이곳에서 거리가 멀기 때문이다

밤은 점점 깊어가고
개구리 소리도 희미해지고

6·25 노래

– 포항 오천 비행장 근처 아이들

형님은 인민군으로 아우는 국방군으로
아버지는 피란에서 돌아가시고
집은 포탄에 맞고 가족은 간 곳이 없네

여기까지 부르던 노래가
뚝 끊어진 것은 한 아이가
"방공"하고 소리쳤기 때문이다

아이들은 솔개 덮친 꺼병이 모양
언덕 방공호 쪽으로 꽁무니를 쳐들고
머리를 처박는다

그러나 그 비행기는
북으로 출격하는 아군의 Z기였다
하늘 찢을 듯 굉음만 남기고
전투기는 북으로 사라지고

아이들은 방공호에서 나왔으나
시무룩한 표정들 다시
노래 부를 기분이 아니다

"형님아 손들어라 형님아 손들어라
승리는 아우에 있다"
남은 노래를 중얼거리며
각각 흩어지고

시인과 아내

이 시 문예지에 보내면
5만 원 받을 수 있다는 내 말에
아내가 말 한다

"여보 오늘 동생 과수원에서 일했는데
5만 원 받았어요 그리고
내일 또 일하러 갈 거요,

당신도 매일 시 한 수씩 쓰세요
하루 한 수씩만 쓰면 주일 빼고도
한 달에 100만 원은 더 되겠으니…"

나는 그만 말문이 콱 막히고 말았다

세월

문득 서산을 바라보니
해가 반발쯤밖에 안 남았다

참 멀리 온 듯한데
무척 빠릅니다

그래도 갈 곳이 있으니
얼마나 행복한가?

주님 감사합니다

내가 너희를 위하여 거처를 예비하러 가노니…
거처를 예비하면 내가 다시 와서 너희를 내게로 영접하여
나 있는 곳에 너희도 있게 하리라*

* 요 14:2-3

母心 女心

내 어릴 적 소학교 다닐 때
울엄니 초박*에 밥 꾹꾹 눌러 담으시고
나는 한사코 밥 적게 담으라고 대들고
밥 많이 먹어야 힘을 쓴다고
막무가내로 듣지 않으셨는데

오늘 밥상 앞에 앉아 있는 아내는
내 밥그릇 비우는 것만 보면
"밥 더 드려요" 한다
밥 잘 먹는 것이 그렇게 보기 좋은지
그 표정 내 어릴 적 어머니 표정 같아

울엄니 내 자전거 타고
강둑 길 지나갈 때
"애야 넘어질라 조심해라"
그 불안해 하던 모습 눈에 선한데

오늘 내 자전거 타고 비틀거리니
아내 "여보 조심해요 넘어질라"
언젠가 듣던 어머니 그 말씀 같아
하나님은 내게 어머님을 주시고 아내를 주시고

* 초박 : 대나무를 쪼개어 엮어 만든 밥 담는 도시락 그릇

빚진 자

늘 그러려니 하고 살았다
세상은 밑지고 사는 것이라고

베푼 손은 생각조차 지우라고
제법 인체 하면서,

그런데 요즈음 딱 걸렸다

누구에게 빚을 졌는지
내 안에서 다투고 있다
어머니와 아내, 아내와 어머니가,

허는 수 없지
어머님은 안 계시고

이제 갚을 길은 하나밖에 없으니
보험료 갚는 것처럼
빚진 것을 갚으며 살려 하는데

잘 될는지…

노인 사회 진입 행진곡

어디서 홍난파 곡 울밑에 선 봉선화야가 구슬프게 들려온다

"아름답게 꽃 필 적에 어여쁘신 아가씨들
너를 반겨 놀았도다"

노인복지회관
무상급식하는 날의 긴 행렬

거기에 끼어
반 시간쯤 기다리다 공짜로
점심을 먹으려면 마음 단단히 먹고
참아야 하고 상당한 교양과
예의를 지켜야 한다

낙화로다
늙어졌다
네 모양이 처량하다

어디서 자꾸 홍난파 곡이 들려온다

제야의 종소리

이 제야의 종소리에

백팔 번뇌 물리치고*
칠십이 후 이십사기 열두 달**
모두 띄워 보내고
옛사람 벗어버리고

저 저잣거리의 시끄러운 것들
약간은 귀신 들린 것 같은,

마음 비워내고
본심으로 돌아올 수는 없을까?

이 제야의 종소리에

* 중국에서는 옛날 송나라 때 제야의 종소리는 통상 108번을 쳤다. 이는 불교의 백팔번뇌와 같은 것이다.

** 유교에서 말하는 1년은 72절후 24절기 12월이다. 이를 합하면 108번이 된다. 이는 유교의 주장이다

비학산과 친구 생각

비학산 밑에 있는 법광사는
신라 충신 박재상의 처음 사당이
있었던 절이다

내 소학교 시절 이 절은
우리 봄 소풍가던 단골 코스였다

비학산과 법광사를 생각할 때마다
소학교 시절 삼 년 동안
내 둘도 없는 짝꿍이었던
이종철 군을 생각한다
종철이는 법광사 대처승 주지의 아들

따뜻한 봄 날 학교 옆 풀 언덕에 기대여
함께 누룽지를 나누어 먹으며
하늘의 흰 구름을 바라보고
우리는 우정을 나누었다

중학교도 같은 중학교에 들어갔다

6·25 전쟁이 나고 얼마 안 되어
그는 절 뜰에 나무 한 그루 심어놓고
극약을 먹고 자살했다

이 소식을 들은 나는 허망하기 짝이 없었다
며칠을 두고 밤잠을 못 자고 울었다
무슨 이유일까?

먼 허공을 바라보는 그의 눈동자에는
언제나 우수가 서려 있었고
자기 아버지의 종교에 대하여
늘 불평을 말했다
그의 형제가 너무 많다는 것도 이상했다

내 소학교 시절 가장 다정했던 친구

나는 그를 생각하며 때때로 눈물을 흘린다

역광에 비치는 그의 모습은
아직도 중학교 모자를 쓴 14살 소년이다

산중 일기

숫물 소리에 밤잠을 설치곤 했다
아침에 일어나니
온 골짜기가 안개에 잠기어 한 폭의 동양화다

어떤 날은 밤에 별이 너무 많아
놀라고 신비할 정도다
이런 날 밤은 개 짖는 소리가 너무 시끄러웠다

아침에 일어나면 무밭을 헤집거나
사과나무 껍질을 짐승이 물어뜯은 흔적이 보였다
산 돼지가 새끼 여러 마리를 데리고
다녀간 흔적이라 했다

무엇보다 아침 공기가 맑고 상쾌하다
운동 삼아 산골짜기를 걸어 들어가 보았으나
가시덤불이 길에 엉키어 끝까지 가지 못하고
돌아오기 일쑤였다

어제는 상옥동네*를 지나왔는데
슬로우 시티라는 간판을 보았다
우리말로 어떻게 번역할까
고민해 보기도 했다

지난 주일에는 시골 교회에서 예배를 드렸는데
목사님의 수준 높고 깊이 있는 설교에
은혜를 받았다

* 포항시 북구 죽장면 소재

春日 暮情

봄날 해 그름
그녀와 손을 잡고
보문호반 벚꽃 길 걷는다
눈송이 인양 꽃비 맞으며

발밑에 잉잉대는 꽃 이파리들
素月처럼 사뿐히 즈려밟고,

벚꽃 가지 반쯤 가리고
석양이 지나간다
木月의 詩碑앞에서

봄날 해 그름
늙은 아내와 같이
벚꽃 길 걷는다

飛鶴山

의젓이 앉은 품이 禪僧 같아
언제나 들길에서 우러러봄은
향기로운 초록색 산곡이
내 마음을 손짓하기 때문이다

좌우로 파도처럼 뻗은 날개는
아름다운 신광* 땅을 한 폭 안고
동해 바다 떠오르는 아침 햇빛을
사슴처럼 넌지시 굽어보고 있다

나는 학이 날아들어 비학이라지
너는 언제나 해님의 밤 쉬는 고향으로
석양에 날아가는 외론 슬픈
철새 울음소리를 듣더라

* 포항시 북구 죽장면 소재

연이은 동문부인들의 부음을 듣고

해가 서산에 반발쯤 남았으니
갈 길이 촉박하다
마주 서 든든하던 은행나무
뿌리째 뽑혀 날아갔으니
삭막한 겨울 하늘 어찌 견딜고?

어쩌랴 죽음도 삶의 한 과정인 것을,
한번 나서 죽는 것은 정한 것이요*
나는 그에게 갈 수 있어도 그는
내게 올 수 없으니**

우리는
무엇 가지고 주님 앞에 설 것인가?
물려줄 재산 아니면 심오한 학문이든,

다만 남은 세월 주님 형상
익히고 닮아서 깰 때에
그 모습 닮은 자로 만족합시다***

* 히 9:27 ** 삼하 12:23 *** 시 17:14-15

3부
토우들의 절규

쟁기 아니면 제물

진종일 돌짝 밭에
쟁기를 끌고도
한 마디 불평 없이
주인의 밭을 가는

굽이 갈라지고
새김질하는 정결한 짐승

이젠 또
너만을 기다리는
예비 된 제단이 있어

…

…

부정한 것은 제물로 쓸 수 없기에
제물이 될 수도 없기에*

* 창세기 8:20 레위기 11:13

파업

쇠파이프 들고 경찰차 부수던
민노총 파업이 떠올라
내게는 그리 유쾌하지 않다

그런데
목사도 파업한다는 말을
호주 선교사한테서 들은 적이 있다

목사는 교인들이 말 안 듣고 마음에 안 들면
예배 때 축도를 하지 않는
축도 파업을 한다고 했다

그래서 나도 파업 할 수 있나
골똘히 생각한 끝에
한 생각이 떠올랐다

바로 기도 파업이라는 무기를

써먹자는 것이다

딸년은 외손자까지 데리고 와
안수기도 받지 않고서는
집에 갈 생각을 안 한다

아들놈은 외국에 비즈니스 가든지
사람 만나러 가면
안수기도 받는 것은 필수다

그래서 이놈들이 말을 듣지 않으면
기도를 중단한다는
기도 파업을 선언할 것이다

생각은 하였지만
아직 말도 꺼내지 못 했고
앞으로도 그런 파업을 할 자신이 없다

아버지의 영광만을 위하여

너는 기억하고 있는가?
주께서 하신 말씀을
그토록 마음 아파 고민하실 때
"아버지여 아버지의 이름을
영광스럽게 하옵소서" 하신 말씀을*

우리는 어떻게 할까?
우리의 마음이 아파 못 견딜 때

사랑하는 이가 죽었을 때
질병이 나를 덮쳐 놓지 않을 때
원수가 모독하고 친구가 배신할 때

"아버지여 아버지의 이름을
영광스럽게 하옵소서"
그 말씀 나도 할 수 있을까?

내가 건강을 잃었을 때
내 이 질병을 통해,

내가 재산을 잃었을 때
내 이 가난을 통해서,

“아버지여 아버지의 이름을
영광스럽게 하옵소서”
그렇게 말 할 수 있을까?

내가 이 생명이 끝났을 때
나의 이 죽음을 통하여
“아버지여 아버지의 이름을
영광스럽게 하옵소서”
그리고 마지막 날 부활하게 하소서
그렇게 말 할 수 있을까?

우리는…
아버지의 영광만을 위하여
땅 위에 부름 받은 존재임을
잊지 않고 기억할 수 있을까?

* 요 12:27-28

시간의 주인

물이 넘쳐 땅을 덮지 못하게
정하신 이가
넓은 땅의 한 조각처럼
우리 생명의 영역도 정해 주셨다

두려워 말라 죽지 않는다
받은 생명 다 살기 전에는,

조급해하지 말라
영역을 감당할 만큼은
충분한 시간을 주셨다

서두르지 말라
해야 할 일 시간 전에 마치고
나머지는 자유란 있을 수 없다

허비하지 말라

하루는 24시간이지
25시간은 아니다

시간은 질적으로 공평한 것
대통령의 시간도 노동자의 시간도
하루는 24시간
한 시간은 60분일 따름이다

빛과 어둠

두려워 말라 빛의 자녀들이여
세상 어둠 모두 합세해도
촛불 하나 이기지 못 한다

보라 밤의 장막을 걷어내는
저 아침 햇빛 앞에
벗은 자 모두 도망하느니

어리석도다
악이 선을 가장하고
불의로 정의를 이용하려는 자들이여

정녕 모르는가?
빛은 어둠과 공존하지 못하는 줄을
"산 위에 있는 동네가
숨기지 못할 것이니"*

* 마태 5:14

원죄

밤새 칼 한 자루 갈고 또 갈아
내 마음의 곁가지들 싹둑싹둑 잘랐다
이제는 안심하고 평안이다 했는데

오늘 하도
마음이 캄캄해서 내 안을 살폈더니
곁가지가 또 자라서 햇빛을 막고 있다

또 한 번 칼을 갈아
곁가지를 잘랐다

그래도 불안한 것은 곁가지는
나 모르게 움이 돋기 때문이다

내가 허비해야

내가 허비해야 다른 사람이 채워진다
내가 채울 차례는 그다음이다
빈 것은 채움의 출발점이다
가득함과 성대함은 들어냄의 조짐이다

마음이 가난한 자는 복이 있나니
천국이 저희 것임이라*

주님은
말씀하셨다 복음이 전파되는 곳에는
허비가 있어야 한다고**
내가 허비하여야 생명을 구한다
한 사람의 생명이 천하보다 귀하다 하신
그 생명을,

주님이
십자가에서 마지막 하신 말씀

"다 이루었다"*** 하심은
다 허비하였다는 말씀이다
우리의 죄의 대가를
다 지불하셨다는 말씀이다

* 마 5:3
** 막 14:9
*** 요 19:30

토우들의 절규*

세상을 만질 손도 없다
세상을 들을 귀도 없다
입은 하늘의 노래만 부르기 위해 있다

나의 이 머리는 오직 하늘의 음성만
듣기 위해 열려있다
오직 뚜껑 열린 이 머리로
하늘의 로고스**만 받아서

목청껏
노래하는 것이다 부르짖는 것이다
입이 째지도록 목이 터지도록
외치는 것이다

아 듣는가 여기 이천두 개의 입이
우렁차게 우렁차게 끊임없이
쉬지 않고 영원히 외치는 이 소리를

사람아 사람아 하늘의 음성을 들으라고,

산을 흔들고 파도를 넘어
온 지구를 흔드는 이 부르짖음을,

* 2012년 5월 14일 부산시 기장군 기장읍 대변항의 토암 토우공원을 방문하다. 토우공원에는 고 토암 서타원 도예가가 만든 2002개의 투우가 한결같이 입을 벌려 외치고 있다.

** 道나 이성으로 번역될 수 있는 헬라어

세상을 내려놓는 일

– 헌신

장작 난로에는 재가 식었고
온기 하나 없는

창틈으로 새어드는
바람마저 얼어붙는 1960년대
해 뜰 무렵의 겨울 예배당

나는 머리를 무릎 사이에 파묻고
서럽게 서럽게 울고 있었다
눈물이 마루를 적시도록,

무엇이 그토록 서러웠는가?
내 청운의 꿈
바위보다 무겁고 돌보다 깨기 힘든
내 세상에 대한 야망을 포기하는 것이
그렇게도 서러웠든가?

세상을 내려놓는 일이
그렇게 서럽고도 원통했던가?

하늘의 음성

아침에 밝은 햇빛과
고요한 저녁달과 별
음식과 의복 모든 것
주께서 주신 감사합니다

아침 햇빛이 앞산 위에 눈부시게
얼굴을 내미는 때
어딘가 보이지 않는 곳에서
들려오는 이 노랫소리는
신선한 아침 공기와 더불어
시냇물 소리처럼 퍼져 나갔다

아마 초여름 아침이었거나
초가을 아침이었을 것이다

이 노랫소리에 나도 몰래 끌려
따라간 곳은 교회 마당이었다

그날 나는 교회당에 들어갈 용기가 없어
발걸음을 돌려 그냥 돌아왔지만
내 또래의 아이들이 부르는
그 노랫소리가 그렇게도 내 마음을
사로잡고 행복해 보일 수가 없었다

그날 이후로 나의 마음은
언제나 예배당이 있는 쪽에 있었다

양심선언

나는 양심선언이란 말을 들을 때
마음이 불편할 때가 한 두 번이 아니다

양심은 원래 자기가 받아드린
지식의 지배를 받는 것

사람이 어떤 지식을 받아들일 것이냐
말 것이냐는 자유이지만
일단 받아드려 의식화되면
양심은 그 지식의 지배를 받는다

그래서 미개인의 양심이 다르고
문명인의 양심이 다르며,
종교인의 양심이 다르고
공산주의에 의식화된 사람들의
양심이 다르다

우리가 하나의 통일된 양심을 가지려면
아담이 선악과 따먹기 전,
지식에 오염되지 않는
순수한 양심을 가져야 한다

누가 이 양심을 가졌다 할 수 있을까?

아! 양심에 화인 맞아 주인이 생기고
하나님이 주신 양심의 자유마저
잃은 사람들아

허탄하게 떠드는 그대들의
양심선언으로
사람들을 더 이상 속이지 말라

믿음 1

남양의 어떤 원주민들에게는
믿음이라는 단어가 없어서
믿음을 설명하는데 선교사들이
많은 어려움을 느꼈다

하루는 사냥에서 돌아온 원주민이
털썩 주저앉으면서 여기서
"쭉 뻗고 쉬었으면 좋겠다"
하는 말을 들었다

옳거니, 선교사는 무릎을 쳤다
그래서 요한복음 3장 16을
이렇게 번역했다
"하나님이 세상을 이처럼 사랑하사 독생자를
주셨으니 저를 의지하고 쭉 뻗고 쉬는 사람은
멸망치 않고 영생을 얻으리라"

믿음 2

자녀들의 문제를 맡깁니다
아내를 맡깁니다

때로는
나라의 운명도 맡깁니다

온 우주보다 넓은
주님 사랑 안에

드디어
내 생명을 놓습니다
그 안에

참 평안합니다

2015년 봄날 밤

넬슨주 이야기

오른팔 바치고
오른쪽 눈까지 바치고
마지막 생명을 바치기 위해
애꾸눈 지휘관이
기함 빅토리아호에 올린 기폭에는
"영국인은 각자 자기의 임무를 다하라"

무적함대와 맞선
트라팔가르 해전*의 지휘관 넬슨 제독
끝내 그는 "나의 임무를 다하고 죽는 것을
하나님께 감사한다"는 말을 남기고 장렬한
최후를 마쳤다
그의 시신은 부패를 막기 위해
럼주**술통에 넣어 본국으로 호송되었다

장례식을 마치고 그의 부하들은
그들의 대장의 시신을 담아온 그 술통의 술을

나누어 마셨고 이 술을 넬슨주라 명명했고
그의 시신을 덮었던 국기를 찢어 나누어 가졌다
이것은 그들이 존경하고 사랑하는 주인에 대한
최대의 예의고 그들의 명예로 생각했다

최후의 만찬에서 주님은 십자가를 앞두고
"받아서 먹어라 이것은 내 몸이니라" 하시고 또
"이것을 마시라 이것은 죄 사함을 얻게 하려고
많은 사람을 위하여 흘리는바 나의 피 곧 언약의 피니라"***
하셨다

* 1805년 10월 21일 영국 해군과 스페인 프랑스 연합군과의 대 해전으로 이 전쟁에서 프랑스 연합군은 대패했다.

** 사탕수수를 즙을 내서 설탕을 만들고 남은 찌꺼기인 당밀이나 사탕수수 즙을 발효한 뒤 증유한 술이다.

*** 마 26:26-28

한 여인의 고해성사

오랫동안 주일 예배에 보이지 않아
이름을 잊어버릴 때쯤 되었는데
교통사고로 입원 중이라
문병을 하러 갔다

그는 신세타령으로
그의 인생을 털어놓았다

전 남편과는 딸 하나를 낳고
사별했는데
재혼한 남편도 뇌일혈로
십여 년 침상에서 헤매다
그도 죽고 말았다

재혼한 남편은 그가 낳은 딸을
범했다는 말도 했다

그리고 또 잊을 만큼 세월이 지났다

오늘 새벽 갑자기 그가 전화를 걸어왔다
"목사님 죄를 범했어요"
그는 울고 있었다

나는 말문이 콱 막히고 말았다
애인이 생겼느냐 묻고 싶은데
말이 목구멍까지 왔으나 끝내
묻지 못하고 말았다

누가 이 여인에게 돌을 던지랴?
"너희 중에 죄 없는 자가 먼저 돌로 치라"*
하신 주님의 말씀이 이처럼
내 가슴을 아프게 칠 때가 없었다

* 요한 8:7

포도주와 떡

– 성찬식 노래

아직 멀었다 아직 멀었다
머리 좀 밟힌 것이 무슨 큰 대수냐
참나무통 안에서 수십 년은 삭혀야
향기롭고 맛있는 포도주가 된다
제단에 올려지는 제물이 되고
주님의 피가 되는 포도주가 된다

아직 멀었다 아직 멀었다
머리 좀 터진 것이 무슨 큰 대수냐
맷돌에 갈리어서 낟알이 없어지고
서로 섞어 만들어진 하나의 떡이라야
제단에 올려지는 제물이 되고
주님의 살이 되는 떡 덩이가 된다

기도뿐

– 나의 자녀들에게

전에는 말로 가르치려 했는데
이제는 기도부터,

전에는 돈으로 도우려 했는데
이제는 기도로만,

말도
힘도
늙어서
기도뿐

고르반*

– 불효

울엄니
날 보러 먼 길 오셨는데
빈 집에 혼자 두고 심방갔다

울엄머니
다음 날 말 없이 돌아가셨다
그래도 그때는 그것이 당연하다고
하나님 일 먼저이지 부모 형제 돌볼 수 있느냐고
제법 좋은 변명 찾아 태연하였다

내 나이 이제 그때 어머님 나이 되었는데
오늘 그 일 생각하며 눈물 흘린들
무슨 소용 있나

고르반 고르반
주님 바리새인들** 책망하시던 그 말씀
오늘 내 가슴 후려치니 몸 둘 곳 못 찾아

하염없이 눈물만 흘리고 있다

* 고르반은 하나님께 드려진 예물을 말하는데 이는 다른 목적으로는 쓸 수 없기에 이것을 핑계로 당시의 종교적 지도자들이 악용하여 부모 섬기는 일이나 심지어 채무 이행도 안 해도 된다고 말했다.

** 예수님 당시의 종교적 지도자들 지극한 형식주의자들로 예수님의 책망을 많이 받았다.

| 발문 |

삶의 의미를 돌아보게 하는 진정성 있는 고해의 시

김성춘(시인, 전 동리목월문예창작대학 교수)

이병필 시인은 시도 쓰고 사목 활동도 하는 목사 시인이다.

우리가 처음 만났던 그때가 1996년 울산 문협의 '문학아카데미' 행사였던가, 지금은 기억이 가물가물하기만 하다. 이 시인께서 2005년도든가 첫 시집, 『내 마음의 화강암』을 상재 했을 때 나는 그때 무슨 사정이 있었는지 발문을 못 써준 마음의 빚이 있었다. 그래서 이번에는 그 빚을 갚기 위해서라도 부끄러움을 무릅쓰고 내가 선뜻 발문을 쓰기로 했다.

*

시집 『서서 타는 촛불』은 16년 만에 나오는 이병필 시인의 두 번째 시집이다.

서문 '시인의 말'에서도 볼 수 있듯, 이번 시집에는 나는 왜 시를 쓰는가? 시인이란 누구인가? 라는 시에 대한 근본적인 질문과 인간 실존의 느낌과 고뇌를 보여주는 진솔한 시편들이 묵직한 감동으로 담겨 있다.

한마디로 이번 시집은 지금까지 이병필 시인이 걸어 온 자신의 발자취와 삶의 의미를 곱씹어 보게 하는 자서전적 성격의 시집이다. 시를 향한 시인의 열정은 팔순의 나이임에도 불구하고 문청처럼 뜨겁고, 마지막 노을이 더 붉고 찬란하다고 했던가 『서서 타는 촛불』은 노년의 문학이 이룬 하나의 결정체다.

*

1

시인 프로스트는 말했다, 시는 가슴이 뭉클한 감동으로부터 시작되는 것이고, 시적 감동은 기교라기보다 진실과 진정성에서 온다고.

문학과 삶은 별개가 아니다. 시는 멀리 있는 게 아니고, 가까운 우리의 일상이 바로 시의 소재고 시의 원적지다. 평범한 삶이 아름답고, 상식적인 삶이 어렵지만 소중하다.

한편의 서정시에는 시인의 체험과 깨달음은 물론 시적

대상을 향한 끝없는 정진과 그리움이 압축되어 있다.

이병필 시인의 시는 난해하다든가 낯설지가 않다.

얼핏, 그의 시들이 이미지보다 서술 중심의 시가 되어, 낡은 듯도 하지만 잘 들여다보면 삶의 본질을 진솔하게 드러내고 있어, 아 맞다, 아 그렇겠구나 하는 공감을 갖게 한다.

삶에 대한 연민과 통찰, 평범하지만 솔직한 철학이 담긴 그의 시는, 우리의 삶을 돌아보게 하는 잔잔한 울림을 준다.

평범한 삶의 깊이! 이건 대단히 소중하다. 평범 속에 비범이 있다.

2

내가 이번 시집을 통해서 가장 재밌고, 관심 깊게 읽은 시편들은 '시인의 가족' 시편과 '시인의 아내'에 관한 시편들이다. 가족 간의 보이지 않는 따뜻한 정과 사랑의 세월 속에 함축된 애틋한 가족애는 독자로 하여금 가족이란 무엇인가? 하는 물음과 평범한 삶 속에 숨어있는 진정한 삶의 의미를, 행복의 의미를 새삼스레 깊이 성찰하게 해준다.

*

작품을 보자.

항상, 하얀 세모시 바지저고리에 모시 조끼로 남편인 목사 시인의 옷매무새를 단장 해주는 멋진 아내, 그런데 어느

날 외출하는 남편을 보고 느닷없이 던지는 아내의 말 "오늘은 백구두 사러 갑시다"라는 엉뚱한 말 (아내와 백구두) 그 말에 "아이쿠 큰일 났다 이제는 발까지도…(멋쟁이 흰색으로 단장)" 아내의 남편을 향한 지극 정성에 그만 어리둥절해 하는 남편의 모습! 유머러스한 이 묘사! "이제는 발까지도…" 이 부분에서 독자들은 스르르 미소를 짓게 된다.

또한, "시 한 편에 원고료가 5만원"이라는 말에, "당신도 매일 시 한 편씩 쓰면 한 달에 100만원은 더 되겠다"는, 순진한 아내의 말에 시인은 그만 "말문이 콱 막혔다"(「시인과 아내」)라는 절망스런 진술. 여기에는 돈도 밥도 되지 못하는 시, 그 시에 대한 현실의 안타까움을 슬프게 떠올려주는 시, 녹록지 않은 시인의 길이여.

그리고, 여든이 다 된 나이에 큰 수술을 세 번이나 받은 아내를 향한 애틋한 사랑의 시, (「아내의 병상 옆에서」) 부부의 그리움이란 무엇인가? 평범한 삶이 주는 행복은 어디에 있는가? 를 새삼스레 생각게 해준다.

*

여든이 다 된 나이에 / 다섯 시간 수술을 두 번하고 /
불의의 사고로 또 한 번 더 하고 / 사경을 헤매다 / 이
제 겨우 정신을 차리는 것 같다
주사 자국으로 / 시커멓게 멍든 팔뚝이 / 나날이 시들

어 가는 것을 보며 / 내 마음도 타들어 간다 /
창밖을 내다보니 / 가로수 앙상한 가지가 삭막하다 / 저 나뭇잎 푸를 때 /
이 병실에 들어왔는데 / 이제 석 달이 넘어 / 한 계절이 지났다 (생략)
-「아내의 병상 옆에서」 부분

하얀 세모시 바지저고리 빳빳하게 / 풀해 다려 입고
모시조끼까지 걸치고 / 두세 주일 교회에 나갔다
사람들이 어쩌면 그렇게 / 볼 때마다 빳빳한 새 옷으로 / 갈아입고 나오느냐 묻는다 /
(중략)

오늘도 빳빳하게 다려 입은 / 모시옷을 입고 집을 나서려는데 /
아내가 / "여보 오늘은 백구두 사러 갑시다" 한다
아이쿠 큰일 났다 / 이제는 발 까지도…
-「아내와 백구두」 부분

이 시, 문예지에 보내면
5만 원 받을 수 있다는 내 말에
아내가 말한다

"여보 오늘 동생 과수원에서 일했는데
5만 원 받았어요 그리고
내일 또 일하러 갈꺼요

당신도 매일 시 한 수 씩 쓰세요
하루 한 수씩만 쓰면 주일 빼고도
한 달에 100만 원은 더 되겠으니…"

나는 그만 말문이 콱 막히고 말았다
-「시인과 아내」 전문

3

이번 시집에서 또 주목할 만한 시편들로서는, 사목 시인으로서 이병필 시인만이 체험하고 느낀 신앙 시편들이다.

요한복음 8장, 3-11절에 나오는 '간음한 여자' 이야기라든가(「한 여인의 고해 성사」) 노조파업이 아닌 목사의 파업 이야기, 시(파업)도 발상이 독특한 재미난 시다.

오랫동안 주일 예배에 보이지 않아 / 문병을 하러 갔다
그는 신세타령으로 / 그의 인생을 털어놓았다
전 남편과는 딸 하나를 낳고 사별했는데
재혼한 남편도 뇌일혈로
십여 년 병상에서 헤매다 / 타계하고 말았다
재혼한 남편은 그가 낳은 딸을 / 범했다는 말도 했다

그리고 또 잊을 만큼 세월이 지났다
오늘 새벽 갑자기 그녀가 전화를 걸어 왔다
"목사님 죄를 범했어요" / 그가 울고 있었다

나는 말문이 콱 막히고 말았다 / 애인이 생겼느냐 묻고 싶은데
말이 목구멍까지 왔으나 끝내 / 묻지 못했다

누가 이 여인에게 돌을 던지랴 / 너희 중에 죄 없는 자가 먼저 돌로 치라*
주님의 말씀이 이처럼 / 내 가슴을 아프게 칠 때가 없었다
-「한 여인의 고해 성사」 전문

목사도 파업한다는 말을 / 호주 선교사한테 들은 적이 있다
교인들 말 안 듣고 마음 안 들면 / 예배 때 축도를 하지 않는다 / 축도 파업을 한다고 했다

나도 파업 할 수 있을까 /골똘히 생각한 끝에 / 한 생각이 떠올랐다

바로 기도 파업이라는 무기를 / 써먹자는 것이다
딸년은 외손자까지 데려와 / 안수 기도 받지 않고서는 / 집에 갈 생각을 안 한다
아들놈은 외국에 비즈니스 가던지 / 사람 만나러 가면 / 안수 기도 받는 게 필수다

그래서 이놈들이 말을 듣지 않으면 / 기도를 중단한다는 / 기도 파업을 선언할 것이다
생각은 하였지만 / 아직 말도 꺼내지 못했고 / 앞으로

도 그런 파업 할 자신이 없다!
-「파업」 전문

4

'시인의 말'에서 이 시인은, 이번 작품집에서 인간 실존의 모습과 고뇌를 보여주고 싶다고 했다. 시인은 시 곳곳에서 시란? 시인이란? 무엇인가 끊임없는 질문을 던지고 있다. 성직이랍시고 재산 한 푼 없이 4남매에게 남겨줄 재산이라곤 오직 기도뿐이라고 선언하는 태연한 시인, 이병필!

"통장에 잔고가 바닥이다 / 마음이 급하다"(「유산」에서)
"타지 않으면 촛불이 아니다"
"시인은 언제나 램프에 불을 켜고 자신은 사라져 간다"(「서서 타는 촛불」에서)

"자일에 몸을 감고 암벽을 오르는 알피니스트처럼 시 한 줄의 높이를 위해 암벽 같은 산을 오르는" 시인(「시 한 줄의 높이」에서)

성직聖職이랍시고
등재된 재산 한 푼 없이
평생을 살아오면서도
태연하였다
그래서

너희 4남매에게
남겨 줄 유일한 유산은
하늘 곳간에 채워두는
오직 기도뿐이다

그런데 오늘
문득 서산을 바라보니
해가 한 뼘 밖에 남지 않았다
통장에 잔고가
이제는 바닥이 보인다

마음이 급하다.
-「유산」 전문

시인은 언제나 램프에 불을 켜고 자신은 사라져 간다*

타지 않으면 촛불이 아니다
눈물로 제 몸을 지우며
죽을 때까지 서서 타는 촛불

촛불은 고독하다
수많은 촛불이 타고 있어도
촛불은 저마다 하나뿐이다

밤의 어둠을 위하여

세상에는 촛불이 있다
보라, 밤에만 나타나는
저 하늘의 무수한 촛불들을

광복의 촛불로 가슴을 태우며
한 시대 어둠의 절벽에
알몸으로 맞서 자신을 태워버린
시인 이육사
-「서서 타는 촛불」 전문

자일에 몸을 감고
암벽에 붙어
한 발 높이에 생명을 건
전신으로 땀 흘리는 알피니스트
361점의 바둑판을
두 눈으로 빨아들이고
바둑 한 알의 착점을 찾아
가늘게 떨고 있는
입신들의 손길

시 한 줄의 높이를 위해
밤새 모국어의 향기를 찾아
퍼즐을 맞추듯

나의 시는 잠 못 들고 있다
-「시 한 줄의 높이」 전문

시집 『서서 타는 촛불』은 노년의 시인이 다다른 문학적 정서의 한 세계를 진솔하게 보여주고 있는 시집이다.

이병필 시인의 두 번째 시집, 『서서 타는 촛불』 출판을 진심으로 축하드리며, 시원찮은 사람이 주마간산 격으로 훑어서 아름다운 시집에 누를 끼친 건 아닌지 송구한 마음뿐이다.

다시 한번 아름다운 시집 『서서 타는 촛불』 발간을 진심으로 축하드리고 이 시집을 계기로 더욱 정진하셔서 오래오래 건강하시고 문운이 대통하시길 빈다.

"밤의 어둠을 위하여 세상에는 촛불이 있다. 시가 있다."